CATALOGUE

DES

TABLEAUX

ANCIENS ET MODERNES

COMPOSANT LA COLLECTION DE M. R...

dont la vente aura lieu

HOTEL DES COMMISSAIRES - PRISEURS

Rue Drouot, n° 5

SALLE N° 4

LE LUNDI 5 MARS 1866

A DEUX HEURES

Me DELBERGUE-CORMONT, Commissaire-Priseur,
rue de Provence, 8,

Assisté de M. DHIOS, Expert, rue Le Peletier, 33,

Chez lesquels se distribue le présent Catalogue.

EXPOSITION PUBLIQUE

Le Dimanche 4 Mars 1866, de une heure à cinq heures.

PARIS

RENOU & MAULDE

IMPRIMEURS DE LA COMPAGNIE DES COMMISSAIRES-PRISEURS

Rue de Rivoli, 144.

1866

CATALOGUE

DES

TABLEAUX

ANCIENS ET MODERNES

COMPOSANT LA COLLECTION DE M. R...

dont la vente aura lieu

HOTEL DES COMMISSAIRES - PRISEURS

Rue Drouot, n° 5

SALLE N° 4

LE LUNDI 5 MARS 1866

A DEUX HEURES

Mᵉ DELBERGUE-CORMONT, Commissaire-Priseur.
rue de Provence, 8,

Assisté de **M. DHIOS**, Expert, rue Le Peletier, 33,

Chez lesquels se distribue le présent Catalogue.

EXPOSITION PUBLIQUE

Le DIMANCHE 4 Mars 1866, de une heure à cinq heures.

PARIS

RENOU & MAULDE

IMPRIMEURS DE LA COMPAGNIE DES COMMISSAIRES-PRISEURS
Rue de Rivoli, 144.

1866

CONDITIONS DE LA VENTE

Elle sera faite au comptant.

Les Acquéreurs paieront CINQ POUR CENT, en sus des adjudications.

Cette Vente se compose de quatre-vingts Tableaux de chevalet des principales Écoles, choisis dans les expositions les plus importantes, qui ont eu lieu à Paris depuis vingt-cinq ans ; sans plus de détails, nous appelons l'attention des Amateurs sérieux sur les Tableaux suivants : Neefs Peters fils, Camphuysen, Van Dyck Philippe, Rottenhamer, Van de Velde Guillaume, Van Huysum, Goltzius, Boccacino, Casanova, Guardi, Murillo, Reynolds, Poussin et Guaspre, Callot, Fragonard, Jeaurat, Bourdon Sébastien, Greuze, Watteau, Prudhon, son portrait authentique, du même, celui de Mlle Mayer ; enfin, plusieurs charmantes toiles de l'École moderne ; nous certifions que cette Vente n'est pas faite dans une intention spéculative.

DÉSIGNATION

DES

TABLEAUX

ÉCOLES FLAMANDE & HOLLANDAISE

ABSOVEN

4 — Lecture du contrat.

BRACKENBURG (R.)

2 — Conversation intime.

(Bois).

CAMPHUYSEN (T.-R.)

3 — Effet d'hiver.

(Bois.)

DIÉTRICH (D'après)

4 — Musiciens ambulants.

DYCK (Philippe Van)

5 ✝ Saint Sébastien.

Collection de M. le marquis de Forbin-Janson.

HACKERT (A.)

6 ✝ Le bon Samaritain.

ERASME

7 ✝ Son Portrait.

(Bois.)

FRANCK (F.)

8 — Le Triomphe d'Amphitrite.

GOLTZIUS

9 ✝ Jugement de Midas.

Composition gravée.

GOYEN (S. Van)

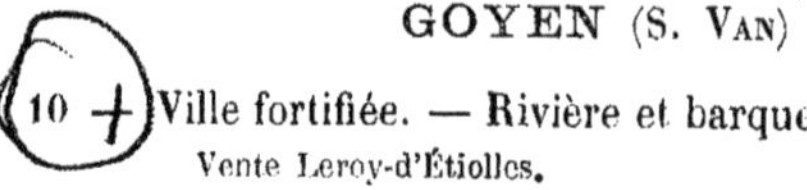

10 ✝ Ville fortifiée. — Rivière et barque.

Vente Leroy-d'Étiolles.

GRIFF

11 ✝ Nature morte.

HUYSUM (J. Van)

12 — Fleurs dans un vase.

Galerie de M. Théodore Patureau.

MIEL (J.)

13 — Buveurs dans une cour d'auberge à Naples.

(Bois.)

NEEFS (Peter) le vieux

14 — Intérieur d'un temple protestant.

(Bois.)

NEEFS (Peter) le fils

15 — Intérieur d'Eglise. — Effet de nuit.

(Bois.)

Vente Piérard.

ROTTENHAMER (J.)

16 — Diane et Endymion.
Cabinet d'Alphonse Giroux.

TÉNIERS

17 — Buveurs à la porte d'un cabaret.
Collection de M. de Rigny.

VELDE (G. Van den)

18 — Marine. Mer houleuse.
Galerie de M. le marquis de Baucet.

VELDE (G. Van den)

19 — Plage.

(Bois.)

ZORG (K.-N.)

20 † Nature morte.

(Toile.)

ÉCOLE FRANÇAISE

BERRÉ

21 † La Mare.

(Bois.)

BERTIN (Jean-Victor)

22 † Vue d'Italie.

(Toile.)

BOUCHER (F.)

23 † L'Éducation de l'Amour.

(Toile.)

BOURDON (S.)

24 † Sainte Famille.

(Toile.)

Cabinet de Monseigneur le cardinal de la Fare.

BRUANDET (L.)

25 † Vue prise dans la forêt de Fontainebleau.

(Toile.)

CALLOT (G.)

26 — La Noblesse défile en carrosse devant Louis XIII.

(Toile.)

CARESME

27 — Génies des sciences.

(Bois.)

COYPEL (H.)

28 — Portrait d'une princesse sous les attributs d'une muse.

(Toile.)

DEMAY

29 — Paysages et animaux.

DECAMPS (Attribué à)

30 — Un jeune Algérien.

FRAGONARD

31 — Hébé et Jupiter.

Collection du vicomte Detouche.

CHARDIN

32 — Portrait d'un jeune architecte.

Collection de M. de Saint-Germain.

GUÉRIN (P.)

33 — L'Amour endormi.

(Bois gravé.)

GUÉRIN (P.)

34 — L'Amour lançant une flèche.

(Bois gravé.)

GREUZE (Attribué à J.-B.)

35 — Tête d'expression.

(Toile.)

GREUZE (J.-B.)

36 — L'Enfant à la poupée.

(Bois gravé.)

GREUZE (Attribué à J.-B.)

37 — Portrait de Mme la comtesse de Wartes à l'âge de 105 ans.

JEAURAT (E.)

38 — La petite Boudeuse.

(Gravé.)

Galerie du chevalier Erard.

LESUEUR

39 — Le Baptême. (Esquisse.)

(Toile.)

PARROCEL (S.)

40 ✝ Ambassade se rendant près de Gengiskan en 1300 à
Toka.

(Toile.)

POUSSIN (N.). J. GUASPRE

41 — Paysage historique.

Cabinet de M. le comte Sommariva.

PRUD'HON (P.-P.)

42 ✝ Portrait de Mlle Mayer.

(Gravé.)

Collection de M. de Bois-Frémont.

(Toile.)

PRUD'HON (P.-P.)

43 ✝ Son Portrait.

(Toile.)

La tête par lui et le buste terminé par M. de Bois-Frémont.

TAUNAY (N.-A.)

44 ✝ Vue d'Italie.

(Bois.)

VALLIN

45 ✝ Bacchante.

(Bois.)

WATTEAU (A.)

46 Le Conteur.

Vente Marcille.

WATTEAU (A.)

47 Portrait allégorique de Mme de Julienne.

Collection du baron Thévenin.

WATTEAU (D'après A.)

48 Promenade dans le parc.

(Bois.)

ÉCOLE ITALIENNE

BASSAN

49 Marthe et Marie devant Jésus.

(Cuivre.)

BOCCACINO (B.)

50 L'Adoration des Mages.

(Bois.)

CARRACHE (A.)

51 Paysage.

Collection de M. le baron Pasquier père.

CASANOVA (F.)

52 — Cavalier espagnol.

(Gravé.)

Collection de M. le baron Pasquier père.

CASANOVA (F.)

53 — Dame espagnole à cheval.

Collection de M. le baron Pasquier père.

GUARDI (F.)

54 ✝ Vue prise en Italie.

(Toile.)

RICCI (S.)

55 ✝ Jésus et ses Disciples au bord du lac Thébaïde.

(Toile.)

ÉCOLE ESPAGNOLE

MURILLO (E.)

56 ✝ Ecce Homo.

(Toile.)

Vente de l'abbé Lamennais.

ÉCOLE MODERNE

DUPRÉ (V.)

57 — Animaux dans un paysage.

FRANCIS

58 — Le Garde-chasse.

FRANCIS

59 — Les deux Chasseurs.

GABÉ

60 — Les Marchands d'esclaves.

GARNERAY (A.)

61 — Vue d'un port de mer en Norwège.

(Toile.)

MAGAUD (D. A.)

62 — Le Printemps.

MARILHAT (Signé)

63 — La villa d'Este.

(Toile.)

NORBLIN (J.)

64 † Moine secourant une jeune femme malade.
Scène italienne.

PAPETY (D.)

65 † Moïse frappant le rocher.
Esquisse de son tableau de concours.

PORTELET

66 — Esquisse.

ROSSI-GAZZOLO (E.)

67 † Arlequin et Colombine à la villa Médicis.

ROSSI-GAZZOLO (E.)

68 † Place Saint-Marc.
Scène de carnaval.

ROSSI-GAZZOLO (E.)

69 † La Présentation de la mariée.

ROSSI-GAZZOLO (E.)

70 † Place Saint-Marc un jour de marché.

ROSSI-GAZZOLO (E.)

71 † Un Canal à Venise, au fond, le pont du Rialto.

ROSSI-GAZZOLO (E.)

72 — Une Vue de Malte.

ROSSI-GAZZOLO (E.)

73 — Vue de la cathédrale de Palerme.

ROSSI-GAZZOLO (E.)

74 — Vue de l'extérieur des bains du vice-roi à Alexandrie.

TESSON

75 — Une Laveuse.

TESSON

76 — Une Vue de village.

ÉCOLE ANGLAISE

REYNOLDS (Signé)

77 — Allégorie de la Peinture et de la Sculpture. Camaïeu,

(Toile.)

INCONNU

78 — Marine. Vue du port de Douvres.

AQUARELLES

CANON (L.)

79 — Brigand espagnol.

(Aquarelle.)

HUET (N.)

80 — Le Loup et la Cigogne. (Deux Pendants.)

(Aquarelle.)

TESSON

81 — Un Café près d'Alger.

(Aquarelle.)

CHARLET (Attribué à)

82 — Un Lovelace.

(Dessin à la plume.)

Renou et Maulde, imprimeurs de la Compagnie des Commissaires-Priseurs,
rue de Rivoli, 144.   48782

9 782329 529998